TaVe

Wahre Geschichten

um

Schloss Hartenfels in Torgau

Aufgeschrieben
von
Gerd Tiedke

TAUCHAER VERLAG

WAHRE GESCHICHTEN NR. 100

MIX
Papier | Fördert gute Waldnutzung
FSC® C014138

Tiedke, Gerd:
Wahre Geschichten um Schloss Hartenfels in Torgau /
Wahre Geschichten 100
1. Aufl. – [Leipzig]: Tauchaer Verlag 2024
ISBN 978-3-89772-328-3

Satz/Herstellung: Sabine Ufer Verlagsherstellung Leipzig
Printed in the EU

ISBN 978-3-89772-328-3

Inhalt

Vorwort

Die Rufe der Wildgänse, die in großen keilförmigen Formationen oder in langen „Ketten" über die Dächer des Schlosses Hartenfels hinweg ziehen und dem südlich gelegenen Großen Teich zustreben, beherrschen im Herbst den Tag von morgens bis abends, ja, sogar noch spät in der Dunkelheit, wenn sich der Mantel nächtlicher Stille längst wie ein unsichtbares Tuch über die historische Altstadt mit all ihren Renaissancebauten, Bürgerhäusern und gerade zu später Stunde besonders beschaulich anmutenden Gassen abseits der tagsüber belebten Straßen gelegt hat. Für Augenblicke wird ihr Zug durch das Dunkel sichtbar, wenn die Gänse in geringer Höhe Hartenfels überfliegen und sie das Licht der Scheinwerfer erfasst, die im Schlosshof die imposante Fassade anstrahlen.

Schloss Hartenfels aus östlicher Richtung

In dieser Jahreszeit dünnen die Scharen der vom Elberadweg oder Schiffsanleger her dem Schlosshof zustrebenden Touristen und Besucher mehr und mehr aus. Dennoch geschieht es auch dann hin und wieder, dass Torgauer spontan angesprochen und gefragt werden - nach dem Weg zum Grabmahl Katharina Luthers in der Stadtkirche St. Marien, zum Bürgermeister-Ringenhain-Haus, zur Grabstätte Joe Polowskys, zum historischen Handwerkerhaus, das im Jahr 2010 nach umfangreicher Rekonstruktion als neuer Bestandteil des Torgauer Museumspfades der Öffentlichkeit zugänglich geworden ist ... Nach Hartenfels fragt niemand. Warum auch?! Schloss Hartenfels ist nicht zu übersehen, weder leibhaftig noch in den Schriften zur Geschichte Mitteldeutschlands und darüber hinaus - als Residenz der ernestinischen Wettiner, politisches Zentrum der Reformation, mit der ersten evangelischen Kirche der Welt. Hartenfels war aber auch Zucht- und Armenhaus, Kaserne, Justizverwaltung ... Es gibt viel zu erzählen über diesen Ort ...

Gerd Tiedke

Der Grund

Wer Torgaus Altstadt mit all ihren Türmen und Türmchen, markanten Dächern und einigen überragenden Giebeln sozusagen einmal wie auf dem sprichwörtlichen Präsentierteller liegend vor sich sehen möchte, dem sei ein Ausflug auf die nahegelegenen Süptitzer Höhen empfohlen. Und man sollte schon einen Feldstecher mitnehmen, denn bei klarer Sicht eröffnet sich von geschichtsträchtiger Stätte am dortigen Denkmal zur Erinnerung an die verheerende Schlacht jenes 3. November 1760 aus ein faszinierender Weitblick bis hin zum Collmberg zwischen Oschatz und Wermsdorf, zu den Hohburger Bergen mit ihren noch vorhandenen einstigen Steinbrüchen, wo Porphyr abgebaut wurde und teilweise auch heute noch gebrochen wird.

Apropos Porphyr: Torgaus Altstadt erhebt sich aus den Wiesenauen der Elbe heraus auf einer Anhöhe. Diese Erhebung ist ein durchragendes Stück eines altvulkanischen Ergusses aus Porphyr, der zur Zeit des sogenannten Rotliegenden empordrang. Diese Stelle ist seit etwa 3000 Jahren besiedelt. In der Zeit von 400 bis 100 vor Christus bemächtigten sich die Germanen der Siedlung, und als die letzten von ihnen später das Siedlungsgebiet verlassen hatten, wurden hier Slawen sesshaft. Unter der Herrschaft Ottos I. nahmen deutsche Männer das linke Elbufer mit dem slawischen Dorfe Torgowy, dessen Name Markt bedeutet, in Besitz und errichteten auf dem Porphyrfelsen eine Burg. Die Burgmannen errichteten ihre Häuser nördlich von dem freien Platz vor der Burg in Richtung der späteren Ritter- und

Schlossstraße bis zum Markt. Zum Burggebiet gehörten außer der Burgmannensiedlung das Sorbendorf (Fischerdörfchen) und die Fluren der späteren Dörfer Naundorf, Knesen und Botsitz, sowie der Werder an der Elbe.

Über ein Jahrtausend später - man schreibt inzwischen das Jahr 2008 - machen sich im sogenannten „nassen Keller“ abseits des Lapidariums in den tiefsten Gewölben von Schloss Hartenfels drei Männer zu schaffen. Ein Scheinwerfer bringt grelles Licht in jene Räumlichkeiten, in denen ansonsten ewige Dunkelheit herrscht. In akribischer Kleinarbeit graben die Männer an einem Bauwerk im Erdreich. - Eine alte Zisterne? Schon seit Tagen rätseln die Männer. Unter den Dreien fällt ein Hochgewachsener im „Blaumann“ auf, der eine gewisse Schatzgräberstimmung in seinen Augen nicht verbergen kann: Manfred Boes. 1996 kam er von Köln nach Torgau, als Filialleiter einer Bank. Später war er Schatzmeister des Initiativkreises Schloss Hartenfels. 2008 packt er selbst mit an, steht in der Grube und schippt. Wie auch seine beiden Mitstreiter ist er darauf bedacht, nichts zu übersehen, was jede nächste Schaufel Erdreich zutage fördern könnte. Es dauert nur wenige Tage, bis das Trio fündig wird. Der über 1000 Jahre unberührte Boden gibt ein Geheimnis preis: Scherben von Keramikgefäßen slawischen Ursprunges und älter als die urkundliche Ersterwähnung Torgaus, wie sich herausstellt. Und noch etwas gelingt den Männern bei ihrer Erkundung: Das Schaufelblatt kratzt plötzlich auf etwas Hartem. Im Schein des Scheinwerfers tritt er zutage - feucht, verkrustet und noch gar nicht auf den ersten Blick als Porphyrgestein zu erkennen: der Hartenfels! Der tiefste Punkt unter dem Schloss! Hier geht es nicht mehr weiter, nicht mehr tiefer.

Manfred Boes 2023

Hier ist jetzt Schluss! Das Ziel, wir sind am Ziel, denkt sich Boes und steigt aus der Grube.

Er hockt sich ebenso wie die anderen Beiden oben an den Rand und blickt sinnierend auf die Wandung des Schachts. Auffallend sind die Schichtungen des Erdreiches in verschiedenen Farben: Hell wechselt mit Dunkel, Schwarz mit Ocker, zwischendurch auch mal mit orange scheinender Tönung. Dies wird kurze Zeit darauf Gegenstand archäologischer Untersuchungen sein. „Wir haben uns durch die Jahrhunderte gegraben", sagt Manfred Boes leise und zieht nachdenklich und zufrieden an seinem Zigarillo.

Sagenhaftes Hartenfels

Wohl kaum denkbar wäre es, dass sich um ein Schloss wie Hartenfels keine Sagen ranken würden, man nicht noch in heutiger Zeit über sagenhafte Begebenheiten spräche.

So soll einst Kurfürst Friedrich der Weise mit seinem Bruder Herzog Johann den Weg von Torgau gen Wittenberg mit einem Boot auf der Elbe gemacht haben. Allerdings hatten die Herren den Eisgang auf dem Fluss unterschätzt, große Schollen trieben immer wieder gegen das Gefährt. Es kam schließlich, wie es kommen musste: Nachdem die Fürsten ihr Ziel erreicht und mit ihrem Gefolge heil an Land gegangen waren, hielt das Boot den andrängenden Eismassen nicht mehr stand und zerbrach in mehrere Teile. Der Kurfürst sprach daraufhin zu seinem Bruder: „Wir müssen hiermit ja augenscheinlich wissen und erfahren, das uns Gott wunderbarlich in diesen und andern Gefährlichkeiten durch seine lieben Engel bis hierher erhalten hat und die Wohltat Gottes dankbar rühmen, welcher uns in dieser Gefahr und andern beschützet hat, dass aber das Schiff, nachdem wir ausgestiegen, gespalten, fürchte ich fürwahr unseres Schiffes, das ist des sächsischen Hauses Zerrüttung." Mit dieser Prophezeiung sollte er Recht behalten, denn nur wenig später kam die Kurwürde von der ernestinischen an die albertinische Linie der Wettiner.

Eine weitere Sage gilt Kurfürst Moritz und Markgraf Albrecht von Brandenburg, die zunächst in trauter Freundschaft verkehrten, bevor große Zwietracht ihr Verhältnis trübte. So soll Moritz einst seine

Moritz von Sachsen,
Gemälde von Luckas Cranach d. J.

Fastnacht in Torgau gefeiert und dazu auch Albrecht und Herzog August mit eingeladen haben. Albrecht langte ordentlich zu und frönte dem Weine, wobei er sich etwas übernahm. Moritz und sein Bruder saßen derweil neben ihm und sprachen über dies und jenes. Da trat eine ganz in Weiß gekleidete Frau ein und setzte sich zwischen Markgraf und Kurfürst nieder. Herzog August erblickte die Dame zuerst und erschrak sich fürchterlich ob dieser Erscheinung. Er bat seinen Bruder, mit ihm das Zimmer zu verlassen, denn er ahnte nichts Gutes. Nun sah auch der Kurfürst die weiße Frau und sprach Albrecht erschrocken an: „Was habt Ihr da für eine Jungfrau sitzen?" „Lass sie nur sitzen", raunte der und fluchte. Als Moritz und August sich schließlich von Albrecht verabschiedeten, verschwand auch die weiße Frau. Albrecht nahm davon schon keine Notiz mehr, blieb sitzen und trank weiter – die ganze Nacht über.

Die erwachende Schöne

Ist der Himmel grau und wolkenverhangen und es regnet mehr oder minder stark, dann lohnt sich der Aufstieg auf den Hausmannsturm wirklich nicht. Die Sicht über die Dächer der Großen Kreisstadt und darüber hinaus in die Weite der Elbauenlandschaft wäre ohnehin dürftig. Untrügliches Anzeichen dafür ist, dass aus den Wasserspeiern an der rechteckigen Brüstung des Sockels vom Großen Wendelstein im Hof von Hartenfels das Wasser plätschert. Sämtliche dieser Wasserspeicher wurden 1931 neu gefertigt, vier davon 1955 noch einmal kopiert.

Die Brüstung unterhalb des Großen Wendelsteins stellt eine ganz besondere Ahnengalerie dar: Sie umfasst 17 Felder - in jedem ein reich gebildetes, stark hinterarbeitetes Wappen. Über dem mittleren Portal findet man das des Bauherrn, Kurfürst Johann Friedrichs des Großmütigen. Er ließ die Wappengalerie schaffen, um so Macht und Stellung seines Kurfürstentums unter den europäischen Herrscherhäusern zu präsentieren. Eigentliche Schöpfer waren die Bildhauer Ulrich Creutz und Michel Mauth, eines der Wappen entstand unter den Händen von Simon Tischer. Durch Abrechnungen und das Zeichen des Bildhauers Creutz an einigen Feldern lassen sich die Reliefs den beiden Hauptmeistern zuordnen.

Bei den Wappen links neben dem des Bauherrn zur nördlichen Seite des Wendelsteins hin handelt es sich um die von Johann Friedrichs Ururgroßeltern väterlicherseits, wobei das Wappen des Mannes stets links von dem der Ehefrau steht: Katharina, Herzogin von Braunschweig; Friedrich der Streit-

Der Große Wendelstein

bare, Kurfürst von Sachsen; Cymburga, Herzogin von Masovien; Ernst der Eiserne, Erzherzog von Österreich-Steiermark; Elisabeth Visconti, Prinzessin zu Mailand; Ernst, Herzog von Bayern; Elisabeth, Herzogin von Braunschweig-Göttingen; Erich, Herzog von Braunschweig-Lüneburg.

Vom zentralen Wappen Johann Friedrichs aus nach Süden folgen die der Ururgroßeltern mütterlicherseits: Johann IV., Herzog von Mecklenburg; Katharina, Herzogin von Sachsen-Lauenburg; Friedrich I., Kurfürst von Brandenburg (Wappen der Hohenzollern); Elisabeth, Herzogin von Bayern; Wratislaw IX., Herzog von Pommern; Sophia, Herzogin von Sachsen-Lauenburg; Bogislaw VIII., Herzog von Pommern; Maria, Herzogin von Masovien.

Im Anschluss an die Freitreppe des Großen Wendelsteins befinden sich auf beiden Seiten der Wappengalerie jeweils Brüstungsfelder mit szenischen Darstellungen aus dem Alten Testament: Auf der linken Seite ist Simson zu sehen, wie er den Löwen bezwingt - Sinnbild der Stärke; auf der rechten Seite findet man eine Darstellung Davids mit dem erschlagenen Goliath als Sinnbild für Klugheit. Beides sollte den Bauherrn charakterisieren.

Seit dem Jahr 2014 zeigt sich die Wappengalerie am Großen Wendelstein nach umfassender Restaurierung wieder in ihrer ursprünglichen und besonders beeindruckenden Farbenpracht: ein wirklicher „Hingucker", der den Blick der Besucher schon beim Eintritt in den Schlosshof auf sich lenkt.

Ende 2014: Es ist kein Adventsmarkt wie im Vorjahr auf dem Innenhof von Schloss Hartenfels. Dem lange überaus milden Herbst folgt - wie passend für diese zwei Tage - urplötzlich frostiges Winterwetter, allerdings ohne Schnee. Doch nicht nur das ist es, was diesem Markt ein besonderes Gepräge gibt, sondern vielmehr der in neuer „alter" Pracht erstrahlende, in der Zeit von 1533 bis 1536 durch Baumeister Conrad Krebs geschaffene Große Wendelstein. Dieser mit seiner Wappengalerie sowie die neu gestaltete Fassade des Frührenaissanceflügels versetzte die aus der Stadt selbst Herbeigekommenen, aber auch jene aus der näheren Umgebung in pures Erstaunen. Nach monatelangen Restaurierungsarbeiten mit immensem Aufwand waren die Gerüste gefallen und gaben den Blick auf enorme Veränderungen frei, was wiederum bei vielen der Besucher eine neue persönliche Wertschätzung für Hartenfels als einem überregional bedeutsamen Ort in der deutschen Geschichte aufkommen ließ. Die war nie ganz verschüttet, denn vor allem viele Torgauer erinnerten sich nun daran, dass der Große Wendelstein in den frühen 1970er-Jahren Kulisse für den DEFA-Film „Dornröschen" war - bevor

Der Große Wendelstein, Detail, unten einige Wappen der Wappengalerie

das Bauwerk dann lange Zeit für den öffentlichen Besucherverkehr gesperrt werden musste. Seine Wiederherstellung vermittelt nunmehr auch einen Eindruck der einstigen Pracht für all jene großen Festlichkeiten, die einstmals auf Schloss Hartenfels gefeiert wurden. Und sie sind würdevoller Rahmen für neue museale Konzepte an diesem historischen Ort: Anknüpfend an den großen Erfolg der Zweiten Sächsischen Landesausstellung „Glaube und Macht" im Jahr 2004 wurde in den Folgejahren mit großer Akribie durch die Stadt Torgau, den Landkreis Nordsachsen und die Staatlichen Kunstsammlungen Dresden die kulturelle Nutzung von Schloss Hartenfels weiter ausgebaut und erreichte mit der ersten nationalen Sonderausstellung im Rahmen der Lutherdekade und des Reformationsjubiläums 2017 unter dem Titel „Luther und die Fürsten" einen herausragenden Höhepunkt von auch internationaler Ausstrahlung und Bedeutung.

Im Schatten von Hartenfels?

Betrachtet man die Hofhaltung der ernestinischen Kurfürsten näher, so kommt man nicht umhin, einen doch mehr oder weniger beständigen Wandel festzustellen. Grundsätzlich kann der kurfürstliche Hof als ein komplexes System beschrieben werden, in dessen Zentrum der Kurfürst selbst mit seiner Familie steht, „als das außerordentlich erweiterte Haus und die Haushaltung [...] mit allen Menschen, die im engeren oder weiteren Sinn dazugehören" (Norbert Elias).

Schloss Hartenfels bot als kurfürstliche Residenz den Rahmen und umfasste den kursächsischen Hof der ernestinischen Kurfürsten im weiteren Sinne. Zwischen 1485 und 1547 residierte der an verschiedenen Stellen. Unter der Regierungszeit Friedrichs des Weisen und seiner Nachfolger galten Coburg, Weimar, Wittenberg sowie Torgau als wichtigste Residenzorte. Nicht alle der Funktionsträger und Bediensteten wohnten auch auf Hartenfels, sondern in der Stadt und in ihrer näheren Umgebung, erschienen morgens „auf Arbeit" im Schloss und begaben sich am Abend wieder in ihre privaten Behausungen.

Hartenfels selbst unterlag in den Jahrhunderten seines Bestehens vielfachen baulichen Veränderungen. Zum Zeitpunkt der feierlichen Weihe der Torgauer Schlosskapelle im Oktober 1544 durch Martin Luther hatte sich der Komplex von Hartenfels bereits sehr verändert. Gemälde von Lucas Cranach vermögen heute noch einen Eindruck aus damaliger Zeit vom Schloss zu vermitteln. Das landschaftliche Umland von Hartenfels – nicht zuletzt auch durch

Schloss Torgau um 1544, Ausschnitt aus einem Gemälde von Lucas Cranach d. J.

die weitläufigen Elbauen – lässt dieses Bauwerk bereits von Ferne als etwas Herausragendes, Monumentales hervortreten – ein Reiz, den Hartenfels noch heute auf Touristen und vor allem Rad- und Wasserwanderer ausübt.

Nach dem Schmalkaldischen Krieg konzentrierten sich die albertinischen kurfürstlichen Bauvorhaben vor allem auf Dresden, aber auch auf etliche kleinere Schlossstandorte. Hartenfels blieb zweitwichtigste Residenz der albertinischen Kurfürsten. In Prettin, Annaburg und im etwa 15 Kilometer südlich von Torgau gelegenen Sitzenroda waren derartige weitere kleinere Schlösser errichtet worden. – Im sprichwörtlichen Schatten von Hartenfels? Dies kann man so nicht behaupten, denn die genannten Schlösser bevorzugte die kurfürstliche Familie für private Aufenthalte.

Das Beispiel des einst in Sitzenroda vorhandenen Schlosses soll an dieser Stelle nähere Erwähnung finden, denn sein Schicksal ist im Vergleich zu den anderen Bauten dieser Art eher traurig. In Überlieferungen auch als „47-Betten-Bau" bezeichnet, hatte Schloss Sitzenroda nur kurze Zeit Bestand. Wenige

Jahre nach seiner Fertigstellung 1570 wurde es während eines schweren Sommergewitters vom Blitz getroffen und brannte nieder. Von seinem einstigen Standort kündet in heutiger Zeit in Sitzenroda noch die Bezeichnung des „Schlossteichs“ sowie wenige Skulpturen des einstigen Torportals. Diese befinden sich heute auf den Pfeilern eines einstigen Dreiseitenhofes in der Straße Zum Quellental etwa 50 Meter nördlich des Einganges zum Friedhof.

Das Sitzenrodaer Schloss, dessen einziger bildlicher Beleg eine Zeichnung der Ortsansicht von Wilhelm Dillich aus der Mitte des 17. Jahrhunderts ist, wird noch heute umgangssprachlich als „Jagdschloss“ erwähnt. Die kurfürstliche Hofjagd erlebte mit der Schaffung der „Oberheydnischen Wildbahn“ im Gebiet der Dahlener Heide ihre Blütezeit. Zur Erinnerung an die letzte hier erfolgte kurfürstliche Hofjagd 1763 wurde im Zentrum der Dahlener Heide in unmittelbarer Nähe der heutigen Höhe 215, an einer markanten Wegespinne die sogenannte „Jägereiche“ errichtet: ein mit einer Wappenschnitzerei versehener Eichenstamm. Vom Original der „Jägereiche“ blieb nur ein etwa anderthalb Meter langes Stück übrig, auf welchem die Wappenschnitzerei und ein Rest der einstigen Inschrift zu erkennen ist. Dieses wird heute in der Sitzenrodaer Dorfkirche St. Marien aufbewahrt und kann besichtigt werden. Am ursprünglichen Standort des Denkmales inmitten der Dahlener Heide befindet sich eine in den 1990er-Jahren von einem Holzbildhauer in Oschatz gefertigte Nachbildung.

„Ja, ich will."

Damals wie heute – Schloss Hartenfels bietet eine perfekte Kulisse für den „schönsten Tag" im Leben frisch Vermählter. In seiner langen Geschichte war es mehrere Male Ort denkwürdiger und über alle Maßen prunkvoller Feierlichkeiten und als solche immer auch Demonstrationen fürstlicher Macht. Zwischen 1428 und 1711 gab es hier auf Hartenfels immerhin elf Verlobungen, Vermählungen und Hoflager anlässlich von Hochzeiten, beginnend mit der Verlobung Kurfürst Friedrichs des Sanftmütigen mit seiner Margaretha von Österreich. Kurfürst Johann der Beständige ehelichte im Jahr 1500 Sophia von Mecklenburg, deren Grabmal noch heute in der Torgauer Stadtkirche St. Marien zu besichtigen ist. Im Jahr 1513 fand auf Hartenfels die Hochzeit zwischen Kurfürst Johann dem Beständigem und Margaretha von Anhalt statt; 1527 heiratete Kurfürst Johann Friedrich der Großmütige Sibylle zu Jülich-Kleve-Berg. Maria von Sachsen, Tochter Johanns des Beständigen, und Herzog Philipp I. von Pommern gaben sich 1536 hier das Ja-Wort. Zwei Jahre vor der feierlichen Weihe der Torgauer Schlosskapelle durch Luther, schlossen 1542 Johann Ernst, Halbbruder und Mitregent des Kurfürsten Johann Friedrichs des Großmütigen, und Katharine zu Braunschweig-Grubenhagen die Ehe.

Auch die Hochzeit zwischen Herzog August und der 15-jährigen Prinzessin Anna von Dänemark wurde 1548 auf Hartenfels gefeiert. Sechs Tage lang sollte das pompöse Fest währen. Die Vorbereitungen beschäftigten die Hofbeamten und -lieferanten

Statue von Johann Ernst I. von Sachsen-Coburg (1521–1553) am rechten Aufgang zum Großen Wendelstein

schon etliche Wochen vorher: Aus Dresden bringt man für die Ausschmückung des Schlosses kostbare Bildteppiche, Stoffe und Gemälde sowie Mobiliar und Silbergeschirr nach Torgau. Wildbret wird zahlreich erlegt, die Ämter müssen viele Wagenladungen Hafer und Stroh für die Pferde der hohen Gäste schicken, außerdem Geflügel und Fische. Gänse, Enten, Forellen, Karpfen, Hechte und Aale sind lebend anzuliefern. Kurfürst Moritz von Sachsen hat beim Leipziger Kaufmann Hieronymus Lotter teure auswärtige Weine bestellt, es mangelt auch nicht an Hamburger und gutem Torgauer Bier, böhmischem Met und einheimischen Weinen.

Anna von Dänemark (1532–1585),
die später hochgeschätzte „Mutter Anna“,
Gemälde von Zacharias Wehme, 1585

Der Brautzug selbst brach mit über 600 Pferden von Dänemark aus in Richtung Torgau auf, brauchte für die rund 700 Kilometer seine Zeit. Über Wittenberg gelangte er schließlich ans Ziel, Herzog August und sein Bruder Moritz ritten dem Gefolge entgegen, mit ihnen eine große Anzahl von Herren der Festgesellschaft. Die Hochzeit selbst fand am 7. Oktober 1548 statt. Das Paar zog gemeinsam mit der Gästeschar in die Schlosskirche, wo der Magdeburger Probst Fürst Georg von Anhalt-Dessau die Hochzeitspredigt hält. Die Hochzeitsgeschenke werden nach der Trauung im Tanzsaal des Schlosses überreicht.

Bei den täglichen Turnieren während der Feierlichkeiten präsentierte sich Herzog August als geschickter Streiter. Er und weitere Herren verkleideten sich an einem Abend als rote Husaren. Diese „Mummerei" erquickte die anwesende Gesellschaft. Mummereien liebt auch Anna, wie die Ausmalungen auf Schloss Augustusburg noch heute zeigen.

Ihr Ende finden die Feierlichkeiten schließlich am 11. Oktober 1548: Auf der Elbe gibt es ein absolut beeindruckendes Feuerwerk und die Erstürmung eines „Türkenschlosses" wird effektvoll in Szene gesetzt. Dazu schwimmt ein hölzernes Schlossmodell auf dem Fluss, mit 40 „türkischen Kriegsleuten" als Besatzung. Bei Einbruch der Dunkelheit werden drei hoch aufgetürmte Holzstöße und 40 mit Pech präparierte Bierfässer in Brand gesetzt und der Angriff beginnt. Im Schein der Flammen können die Festgäste die Eroberung der „türkischen Festung" beobachten: Feldschlangen donnern, Hakenbüchsen krachen, Segelschiffe brausen heran, Feuerkugeln und Feuerräder sind zu sehen – ein wahres Kampfgetöse. Ein Schiff wird von den „Türken" zum Kentern gebracht, 54 Bewaffnete „ertrinken" unter Wehegeschrei in der Elbe. Doch natürlich endet alles mit dem Brand des „Türkenschlosses" und dem Sieg der Christen.

Eine nicht unwesentliche Rolle erfüllten bei den Feierlichkeiten jener Hochzeit auch die „Stadttrabanten“ als kursächsische Leibwachen. Ein insgesamt 46 Paragraphen umfassender „Anschlag auf das anstehende Beilager Herzog August“ gibt noch heute Auskunft darüber, welche Aufgaben den „Trabanten“ im Zuge jener Hoffeierlichkeiten zugewiesen wurden und in welcher Anzahl sie in Erscheinung zu treten hatten. So hielt man es beispielsweise für überlegenswert, „[d]em Schencken ettliche Trabanten zuverordnen, wan man das Früe vesper vnnd Schlafftrincken gibt, damit einer den andern nit abdringe, vnnd kein unordnung möchte gehalten werden“, wie auch „dem Küchenmeister mus man vor die Küchen ettliche Trabanden zugeben, damit ordnung mocht gehalten werdenn“, und auch „[v]or dem Tanzhaus, an den Stiegen und dem Schlosstor benötigt man ca. 40 Trabanten und 1 bis 2 Adlige, damit nicht etwa das gemeine Gesindel aufs Tanz haus kommt“, „item man wirdt müssen vier oder fünft Hundert Trabandten haben, vor zeitten hat man aus den Stedtlin das geschickte volck erfordert. Was aber G[nädi]gst[er] Herr thuen will, stehet bey seinen Churf. G[naden]. Dan man auch ihn den Stadt thoren etzliche Trabandten haben mus, vorzukommen allerley unlust“.

Ansicht von Torgau, um 1650

Kurfürst Moritz stimmte diesen Planungen zu, verstärkte jedoch die Truppen im Tanzhaus und reduzierte die Anzahl der aus den Städten geforderten Trabanten auf 200. Zudem bat er um ein Verzeichnis der für die gewünschten Dienste infrage kommenden Bürger.

Ganze 59 Jahre später (1607) schlossen Kurfürst Johann Georg I. und Magdalena Sibylle von Preußen in Torgau den Bund fürs Leben, und weitere zwei Jahrzehnte später standen Sophie Eleonore, Tochter Johann Georgs I., und Landgraf Georg II. von Hessen-Darmstadt hier vor dem Traualter. Anlässlich jenes großen Ereignisses im Jahre 1627 erlebte die Festgesellschaft die Uraufführung der „Daphne", die Heinrich Schütz nach dem Libretto von Martin Opitz komponiert hatte. Es ist wohl etwas zu hoch gegriffen, diese „Sing-Comoedie" als erste deutsche Oper zu bezeichnen - und selbst wenn dem so sein sollte, so hatte die Hochzeitsgesellschaft nur wenig Sinn für diese Sternstunde der Musikgeschichte: Stattdessen interessierte sie sich brennend für Bärenkämpfe und eine Wolfsjagd. Während Schützens Musik verlorenging, überlebte der Opitzsche Text nicht nur, sondern fand wiederum in Italien höchste Anerkennung, womit die Handlung zu ihren Ursprüngen zurückkehrte, hatte doch die gleichnamige Oper von Jacopo Peri und Jacopo Corsi aus dem Jahre 1598 als Vorlage für die deutsche Fassung gedient.

Torgau sah noch weitere Ehefeierlichkeiten: So heirateten Kurfürst Johann Georg IV. und Prinzessin Eleonore Erdmute von Brandenburg-Anspach hier 1692, wobei auch die Mätresse des Kurfürsten, Sibylla von Neitschütz, und deren Mutter zugegen waren, was eine höchst pikante Konstellation für

Zwei widersehende Löwen halten das Johann Georg I. (Kurfürst von 1611 bis 1656) zuzuordnende kursächsische Wappen mit allen sechs Helmen

die Akteure und Gäste bedeutet haben mag; und schließlich fand am 25. Oktober 1711 die letzte fürstliche Hochzeit auf Schloss Hartenfels statt: die Vermählung von Zarewitsch Alexej mit Charlotte Christine von Braunschweig-Wolfenbüttel. Prinzessin Charlotte hielt sich seit 1700 als Ziehtochter von Christiane Eberhardine, der Gemahlin Augusts des Starken, am Dresdener Hof beziehungsweise in den Schlössern von Torgau und Pretzsch auf. Sie genoss eine gute Erziehung und wurde sogar in der Torgauer Schlosskapelle konfirmiert. Bereits 1707 rückte die damals 13-jährige Charlotte als zukünftige Braut für den russischen Thronfolger Alexej ins Blickfeld. Zar Peter I. hoffte, durch die Verheiratung seines Sohnes mit einer westeuropäischen Prinzessin die Öffnung Russlands gen Westen zu verstärken. Die Brautwerbung trieben vor allem der Großvater der Braut, Herzog Anton Ulrich von Braunschweig-Wolfen-

Die Braut, Charlotte Christine von Braunschweig-Wolfenbüttel (1694–1715), Gemälde von Johann P. Luedden, 1728

büttel, und der sächsische Kurfürst und polnische König Friedrich August I. bzw. August II. voran. Letzterer erhoffte sich hiervon die Unterstützung Peters bei seinen eigenen politischen Plänen und trug sogar die Kosten der Hochzeit in Höhe von circa 17.000 Talern.

Zar Peter I. war damit natürlich einverstanden, bestand aber darauf, dass „beyde höchstgedachte Personen sich vorhero sehen und kennen lernen". Da sich Alexej und Charlotte Sympathien entgegenbrachten, wurde die Hochzeit beschlossen. Die Familie der Braut hatte sich eine pompöse Hochzeit in Wolfenbüttel erhofft, Peter der Große allerdings

Der Bräutigam, Zarewitsch Alexej (1690–1718), Gemälde von Bernhard Ch. Francke, vor 1729

bestand auf einer Zeremonie in kleinerem Kreise. Die Wahl des Ortes fiel auf Schloss Hartenfels in Torgau, weil es für alle Gäste gut zu erreichen war und es den entsprechenden Rahmen für eine solche Feierlichkeit bot.

Die Braut, deren Eltern sowie Christiane Eberhardine reisten bereits am 17. Oktober an, der Bräutigam mit kleinem Gefolge kam vier Tage später nach. Zar Peter traf am 24. Oktober in aller Frühe per Schiff von Dresden aus ein. Die kurfürstlichen Gäste waren allesamt im Schloss einquartiert worden. Der Zar entschied sich jedoch lieber für das „Canzley-Haus nahe dem Schloße“. Die Hochzeit fand am Sonntag, dem 25. Oktober 1711, im Riesensaal des

Schlosses statt, wozu dieser „überaus schön mit Tapeten vielen Spiegeln und vielen brennenden Lichtern desgl. Versehen war“. Die Trauung wurde nach griechisch-orthodoxem Ritus vollzogen; der Braut hatte man aber vorher im Ehevertrag zugesichert, ihre evangelisch-lutherische Konfession beibehalten zu dürfen.

Zar Peter hielt sich noch eine Woche in Torgau auf. Dabei kam es noch zum Treffen zwischen ihm und dem Universalgelehrten Gottfried Wilhelm Leibniz, der bereits seit mehreren Jahren die Entwicklungen in Russland beobachtete. Leibniz stand seinerzeit als Hofbibliothekar im Dienste von Herzog Anton Ulrich von Braunschweig-Wolfenbüttel und nutzte

Gottfried Wilhelm Leibniz (1646–1716), Kupferstich von Martin Bernigeroth, 1703

nun natürlich die lang ersehnte Gelegenheit zu einem persönlichen Gespräch mit dem Zaren. Die Unterredung drehte sich um das russische Bildungswesen und moderne wirtschaftliche Entwicklungen. Bereits hier wurde die Idee der Gründung einer russischen Akademie der Wissenschaften in St. Petersburg, welche allerdings erst 1724 umgesetzt wurde, geboren. Für Leibniz begann eine fruchtbare Zusammenarbeit mit seiner Ernennung zum Geheimen Justizrat des russischen Zaren im darauffolgenden Jahr 1712.

Die Verbindung zwischen Alexej und Charlotte verlief indes weniger glücklich. Es gelang der wolfenbüttelschen Prinzessin nicht, sich in dem ihr fremden Russland einzuleben. Sie verstarb 1715 nach der Geburt eines Sohnes im Alter von erst 21 Jahren im Kindbett. Zarewitsch Alexej stand im Gegensatz zu seinem Vater den konservativen russischen Kreisen nahe. Er wurde der Beteiligung an einer Verschwörung gegen Peter I. und damit des Hochverrates für schuldig befunden und starb bereits 1718 an den Folgen der Folter.

Ein feste Burg

In der ersten Hälfte des 16. Jahrhunderts nahm die Zahl der Torgauer Einwohner von rund 3.000 auf etwa 6.000 zu. „Wittenberg ist die Mutter, Torgau die Amme der Reformation" – dieses bereits in früheren Zeiten geflügelte Wort hat bis heute zweifelsohne nichts an Bedeutung verloren. Martin Luther hatte wohl eine sehr persönliche Beziehung zu Torgau, über 40 Mal weilte er in der Stadt an der Elbe. Im Jahr 1516 visitierte der Reformator als Distriktsvikar das hiesige Augustinerkloster. Als er 1521 erneut hierherkam, hatte ihn schon die Bannandrohungsbulle des Papstes erreicht. Luther predigte in Torgau, und seitens des Rates wurde ihm der Ehrentrunk präsen-

Medaillon Luthers am Portal zum Festsaal von Schloss Hartenfels, um 1530

tiert: „V gr[oschen] III pfennige für ein st[ü]b[ch]en r[h]einisch wein und ein stb. Meth Doctor Martino von Wittenbergk, als er allhier gepredicet", so überliefert es eine historische Ratsrechnung.

1519 gab es in der Torgauer Nikolaikirche „die erste teutsche Taufe", schrieb viel später ein hiesiger Archidiakon nieder, und in Torgau sei 1520 die erste evangelische Predigt gehalten worden. Torgaus Bürgertum stand der Reformation aufgeschlossen gegenüber. Zwar zögerte der Rat mit deren offizieller Einführung, nicht zuletzt auch deshalb, weil Kurfürst Friedrich der Weise bis zu seinem Tod im Jahr 1525 beim alten Glauben geblieben war. Jedoch fand die Wittenberger Bewegung von 1521/22 in Torgau ein großes Echo. Die kirchlichen Missstände, ganz besonders jene im Augustinerkloster, forderten alle Schichten der Bevölkerung zu diversen Aktionen heraus.

1522 wurde Gabriel Zwilling als evangelischer Prediger berufen. Dieser inspirierte junge Ziegeldecker und Messerschmiede zu Spottprozessionen, als die Franziskaner keine Anstalten machten, sich mit der neuen Lehre zu befassen. Diese Prozessionen gipfelten 1523 in der Erstürmung des Franziskanerklosters. Zwei Jahre später, 1525, wurde schließlich auch noch das Augustinerkloster gestürmt. Dies erregte den Zorn Friedrichs des Weisen, dieser forderte härteste Bestrafung der Beteiligten, ja sogar deren Tod. Stattdessen wurde das Kloster aufgelöst.

Im selben Jahr, am 13. Juni, heiratete Luther Katharina von Bora, der er mit tätiger Unterstützung Leonard Koppes aus Torgau 1523 – zusammen mit weiteren Zisterzienserinnen aus dem Kloster Nimbschen bei Grimma – zur Flucht nach Torgau verholfen hatte. Um die Nonnen „am beßten zu verbergen, soll dies in Tonnen geschehen seyen, nemlich in jeder Tonne

Schlosskapelle auf Hartenfels

eine, in welcher sie bequem sitzen konnten", so der Wortlaut aus einer zeitgenössischen Schilderung. Sechs Jahre nach Luthers Tod 1546 brach in Wittenberg die Pest aus. Die Witwe des Reformators floh ebenso wie viele Weitere aus der Stadt und fand Zuflucht in Torgau. Doch unterwegs ereilte sie ein schlimmes Schicksal: Die Pferde scheuten, Katharina sprang vom Wagen herab und stürzte dabei unglücklich. Von ihren Verletzungen erholte sie sich nicht mehr und verstarb am 20. Dezember 1552 im Gebäude Katharinenstraße 11.

Eine der wohl am engsten mit Martin Luther verbundenen Stätten Torgaus ist die Schlosskapelle auf Hartenfels. Sie ging als erster evangelischer Kirchenbau in die Geschichte ein, wurde 1543/44 errichtet, nachdem der Johann-Friedrich-Bau abgeschlossen war. Es war am 5. Oktober 1544, als Luther die Stufen zur Kanzel bestieg und dann die Kirche weihte. Seine Worte: „Also soll dies Haus solcher Freiheit nach gebauet und geordnet sein für die, so allhier im Schloß und zu Hofe sind, oder die sonst hereingehen wollen: nicht, dass man daraus eine besondere Kirche mache, als wäre sie besser denn andere Häuser, da man Gottes Wort predigt. Fiele aber die Not vor, dass man nicht wollte oder könnte zusammenkommen, so möchte man wohl draußen beim Brunnen oder anderswo predigen. Nur muß der Haufe einen Raum haben, da er ordentlich zusammenkommt und ist der Vorteil dabei, dass das Gebet noch eins so stark geht, wenn der ganze Haufe einträchtig betet."

Der Komponist Johann Walter - enger Freund Luthers und Melanchthons - wirkte als Kantor an der Stadtkirche St. Marien. Zunächst war er kurfürstlicher Hofkapellmeister, übernahm nach der Auflösung der Hofkapelle im Jahr 1526 die gerade neu gegründete Kantorei. 1524 hatte er schon einen

Band alter geistlicher Vokalstücke und neuer Lieder für den evangelischen Gottesdienst herausgegeben – das erste evangelische Chorgesangbuch. Johann Walter vertonte auch Martin Luthers Hymnus „Ein feste Burg ist unser Gott“.

Kopie von „Ein feste Burg …“ von der Hand Johann Walters.

Schmerzensmann hinter Nothelfern

Betritt man die Stadtkirche St. Marien, dann umfängt einen ehrwürdige Stille. Besucher, die vielleicht gerade zuvor Hartenfels besichtigt und für sich entdeckt haben, verharren andächtig und lassen ihre Blicke schweifen. Wer Glück hat, erlebt vielleicht sogar gerade ein Spiel auf der Schuster-Orgel, deren Klang den riesigen Raum der Torgauer Stadtkirche auf eine majestätische Weise erfüllt. Als in einer der alljährlich veranstalteten „Orgelnächte" der italienische Virtuose Claudio Brizzi auf diesem Instrument den „Triumphmarsch" aus „Aida" intonierte, begannen die von der Gewölbedecke in den Kirchenraum herabhängenden Kugellampen leicht zu pendeln.

Es gibt zwei Kategorien von erstmaligen Besuchern der Torgauer Marienkirche: jene, die dieses Bauwerk voller Neugier und ohne größere Vorkenntnis betreten - wohl aber wissen, dass sich hier der Grabstein der 1552 verstorbenen Katharina von Bora, Ehefrau Martin Luthers, befindet -, und jene, die nach vorherigem Belesen gezielt suchen: natürlich nach dem Epitaph Katharina Luthers, aber auch nach der Grabplatte der 1503 verstorbenen Herzogin Sophia aus der Werkstatt Peter Vischers und nach dem Gemälde „Die Vierzehn Nothelfer" von Lucas Cranach dem Älteren. Das Bild geht auf einen 1505 geschaffenen Altar für Anna und die 14 Nothelfer zurück, der erstmals vor dem Chor aufgerichtet und von Kurfürst Friedrich dem Weisen und seinem Bruder Herzog Johann zur Erinnerung an dessen 1503 verstorbene Ehefrau Sophie von Meck-

Epitaph der Katharina Luther (1499–1552)
in der Torgauer Marienkirche

lenburg gestiftet wurde. Steht man davor, hat man es sich vielleicht viel größer vorgestellt, als sich das Bild nun im Original darbietet. Da ist es also – hinter Glas, auf für den Betrachter unsichtbare Weise alarmgesichert. Letzteres war nicht immer so, sondern wurde erst in später DDR-Zeit durch einen Mitarbeiter der Abteilung Kriminalpolizei des einstigen Volkspolizeikreisamtes Torgau veranlasst.

Da sind sie nun, die 14 in Todesnot Fürbitte leistenden Heiligen: im Mittelpunkt Christopherus mit dem Christkind als Halbfigur, links daneben die gerüsteten Ritterheiligen Georg mit dem Drachen und Achatius mit der Rute, im Profil Eustachius mit dem im Hirschgeweih erscheinenden Kruzifix. In einer zweiten Reihe links der Kopf des Mauritius mit einer wehenden weißen Fahne, daneben Pantaleon, dem die Hände auf den Kopf genagelt sind, und Blasius im Bischofsornat mit der Kerze ... Der Blick des Blasius trifft den Betrachter direkt, „spricht" ihn an und scheint zu sagen: „Wer bist du? Was ist dein Begehr, uns zu stören?"

Doch wie kommt eine solche Wirkung zustande? Cranach wird ein starker Naturalismus zugeschrieben, der seinen Werken auch unschwer zu entnehmen ist. Damit steht er in seiner Zeit nicht allein, hatte – wenn man so will – auch schon Vorläufer. Das zeigt sich auch in seinem „Parisurteil" von 1530, das man mit Schloss Hartenfels in Torgau zeitlich zusammenbringen kann, denn hier dient der mythische Charakter des Dargestellten der Maskierung: Paris ist kein anderer als Kurfürst Friedrich der Weise in kompletter Rüstung. Cranachs Werkstatt lieferte eine Vielzahl an Porträts und Darstellungen von Fürsten und Reformatoren. Etliche seiner Werke sind in der Gemäldegalerie Alte Meister der Staatlichen Kunstsammlungen zu Dresden zu sehen. – So auch der um 1540 entstandene „Schmerzensmann zwischen Engeln“. Dieser – allerdings nur zwischen zwei Engeln – begegnet dem Betrachter der „Vierzehn Nothelfer“ in Torgau unbewusst ebenfalls, denn er befindet sich auf der Rückseite des Nothelfer-Bildes – mit etlichen Einritzungen aus der Zeit zwischen 1552 und 1625. Der „Schmerzensmann“ in der Torgauer Marienkirche sitzt auf einem Sarkophag, begleitet von zwei trauernden und reich gekleideten Engeln. Das Bildnis auf Lindenholz, das als eines der ersten Wittenberger Werke Cranachs überliefert ist, zeigt sich heute allerdings teilweise zerstört, und dennoch sind Einflüsse der venezianischen Malerei und möglicherweise auch Dürers erkennbar.

Der Schmerzensmann

Der Maler aus Kronach

Manche Erscheinungen überdauern bekanntlich die Jahrhunderte, die Zeit ohnehin, soweit deren Gegenstand nicht der Vergänglichkeit verfällt: Und so ist es auch heute immer wieder zu beobachten, dass Besucher der Stadt Torgau, die sich der Elbestadt aus östlicher Richtung nähern, vor der Elbebrücke haltmachen und das sich ihnen bietende Panorama genießen. Immer wieder werden Kameras gezückt. Klick – das war's! Und schon ist der Anblick „im Kasten". Weiter geht's. Später zu Hause wird man dann stolz seinen Lieben, Freunden und Bekannten sagen können: „Seht her, ich war da! Dort, wo sich '45 die Russen und Amerikaner getroffen haben!" Wer wird wohl mal sagen: „Ich habe Hartenfels genau aus derselben Perspektive im Bild festgehalten wie vor Jahrhunderten schon Lucas Cranach"?

Schlösser und Residenzen seiner Auftraggeber gehörten zu Cranachs zahlreichen Wirkungsorten. So finden sich Ansichten von Schloss Hartenfels gleich mehrfach in der Vielzahl seiner Arbeiten wieder. Rund 1,20 mal 1,80 Meter misst das wohl prominenteste Hartenfels-Gemälde von ihm: „Hofjagd zu Ehren Kaiser Karls V. vor Schloss Hartenfels in Torgau" aus dem Jahr 1544, dem Jahr der feierlichen Weihe der Schlosskapelle durch Martin Luther. Acht gemalte und eingefasste Tafeln Lucas Cranachs mit Darstellungen der biblischen Geschichte – dies belegen Inventare von 1563 – befanden sich ursprünglich in der Schlosskapelle. Gegenüber der Kanzel, von welcher Luther einst predigte, hing das Gemälde mit der Darstellung der Auseinandersetzung des

Die Hofjagd zu Ehren Kaiser Karls V., 1544

Propheten Elia mit den Baals-Priestern von Lucas Cranach dem Jüngeren.

Was den Zustand von Schloss Hartenfels vor dem 1543/44 erfolgten Umbau betrifft, sind bislang keine überlieferten bildlichen Darstellungen bekannt. Erst für den Zustand danach wird - gestützt auf die Ansichten Cranachs - eine nahezu gesicherte Rekonstruktion möglich. Vor 1537 ist eher an ein ähnlich umfangreiches Ensemble zu denken. Einen Vorläufer des Flaschenturmes dürfte es nicht gegeben haben, weshalb beispielsweise die Ansicht des bis dato unbekannten Schlosses auf dem Dresdener Katharinen-Altar Cranachs von 1506 trotz einiger Ähnlichkeiten nicht Torgau meinen kann.

Lucas Cranach der Ältere war in seinem Leben mehrmals in Torgau tätig: 1505 wirkte er in Wittenberg sowie unter anderem auch in Altenburg und Torgau, danach folgte ein längerer Aufenthalt in Coburg. 1513 hielt er sich wegen der Arbeiten zur Hochzeit Herzog Johanns von Sachsen erneut in

Torgau auf, und 1514 bis 1516 arbeitete er wieder in der Stadt an der Elbe. 1525 wurde.Cranach Hofmaler unter Kurfürst Johann dem Beständigen. Als er 1526 ein Porträt der damals noch jugendlichen Sibylle von Kleve malte, konnte er nicht ahnen, dass dieses später eines der beeindruckendsten Frauenporträts der Renaissance sein würde. Sibylle wurde 14-jährig mit dem späteren sächsischen Kurfürsten Johann Friedrich dem Großmütigen verheiratet, nachdem am 8. September 1526 auf dem Jagdschloss Burg an der Wupper die feierliche Verlobung zwischen Sibylle und Johann Friedrich stattgefunden hatte. Das Schloss galt als die Hauptresidenz der mütterlichen Vorfahren der Braut. Lucas Cranach war im Gefolge des Bräutigams zur Verlobung nach Burg gereist.

Am 7. Mai des Folgejahres 1527 trat Sibylle die Reise nach Torgau an, wo die Vermählung stattfinden sollte. Über diesen imposanten Zug existieren recht anschauliche Beschreibungen. Er umfasste mehr als 20 Wagen und mehr als 1000 Personen. In vier goldenen Karossen, zwei davon mit goldenem Dach bedeckt und innen mit goldenen Kissen ausgelegt, reisten Sibylle und ihre Mutter mit den engsten Hofdamen. Die Reise führte von Düsseldorf über Essen und Kassel, Gotha, Erfurt, Weimar, Jena, Zeitz, Altenburg, Grimma und Eilenburg nach Torgau und dauerte etwa vier Wochen. Überall seien die hohen Gäste gebührend und standesgemäß empfangen und beköstigt worden. Johann Friedrich kam seiner Braut südlich von Torgau entgegen, empfing hier den Zug in einem Waldgebiet. Nach der Begrüßung erfolgte der Einzug in die Stadt. Ritter Friedrich von Thun begrüßte die neue Herrin auf Schloss Hartenfels. Der gemeinsame Kirchgang besiegelte schließlich die Vermählung. Die anschließenden ausgiebigen Feierlichkeiten nahmen etwa eine Woche in Anspruch. Zeitgenössische schriftliche Belege geben darüber detailliert und hinreichend Aufschluss. Die Tage waren geprägt von allerlei Lustbarkeiten, Turnieren und dergleichen mehr. Die Kosten für das Fest sollen sich auf über 19.000 Gulden belaufen haben.

Am 12. Juni 1527 war alles schon wieder Vergangenheit und das jung vermählte Paar reiste zum Jagdschloss Lochau. Wie Sibylle später ihre neue Heimat Torgau ganz für sich selbst empfunden haben

Prinzessin Sibylle von Jülich-Kleve-Berg (1512–1554), Gemälde von Lucas Cranach d. Ä., 1526

mag, darüber existieren wohl keine näher bekannten schriftlichen Hinterlassenschaften und Schilderungen. Der Wohnbereich für die kurfürstliche Familie umfasste etwa 20 Appartements. Die räumliche Nähe zur Schlosskapelle dürfte Sibylle wohl als angenehm empfunden haben, denn den täglichen Gang dorthin mochte sie nicht missen.

Doch die wundervollen und angenehmen Gegebenheiten von Hartenfels blieben dem kurfürstlichen Paar offenbar nicht lange vergönnt: Mit der Kapitulation Wittenbergs fiel die Kurwürde 1548 und damit auch das Schloss an Moritz von Sachsen, welcher wiederum Dresden zu seinem Hauptsitz machte. Von nun an war Weimar Sibylles zu Hause, wo sie am 21. Februar 1554 verstarb - wenige Monate nach dem Tode des Mannes, der ihr bekanntes Porträt geschaffen hatte: Am 16. Oktober 1553 endigte Lucas Cranach der Ältere in Weimar sein Leben und wurde auf dem dortigen Jakobsfriedhof beigesetzt.

Bruchstücke

Nachdem die Aufstände der Bauern niedergeschlagen worden waren, schlossen sich 1525 in der Stadt Dessau mehrere katholische Fürsten gegen das erstarkende evangelische Lager zusammen. Sozusagen als Gegenbündnis dazu wurde am 5. Mai 1526 auf dem Torgauer Schloss Hartenfels der „Torgauer Bund" zwischen Sachsen und Hessen gegründet. Luther hatte an der Ausarbeitung des Vertrages als Berater von Kurfürst Johann und des hessischen Landgrafen Philipp entscheidenden Anteil. Sowohl er als auch Melanchthon wurden 1527 auf kurfürstliche Veranlassung nach Torgau gerufen, um über Grundzüge einer allgemeinen Visitation zu beraten. Das Ergebnis war die erste Kirchen- und Visitationsordnung, welche Melanchthon formulierte. Torgau wurde 1530 zum eigentlichen Geburtsort des ersten offiziellen Bekenntnisses der Protestanten, indem Luther im Auftrag des Kurfürsten gemeinsam mit Melanchthon, Budenhagen und Jonas die „Torgauer Artikel" erarbeitete.

Kurfürst Johann Friedrich ließ indes Torgau weiter zur Residenz ausbauen. Dazu gehörte auch die Schlosskapelle. Seit 1662 befand sich dort ein Alabaster-Altar, der seit 1554 in der Dresdener Schlosskapelle gestanden hatte. Er war in den Niederlanden nach einem italienischen Entwurf aus Alabaster und Sandstein gefertigt worden. 1662 wurde der Altar also in die Torgauer Schlosskapelle umgesetzt. Nach seiner Zerstörung im Jahre 1945, vermutlich durch Angehörige der Roten Armee, wurden die noch vorhandenen Einzelstücke in der Schlosskapelle eingelagert. Nach und nach verschwanden Teile des Altars, darunter auch das Mittelteil. Im Frühjahr des Jahres 2008 gab es in einem Dresdener Auktionshaus einen überraschenden Fund: Das als verschollen geltende Altar-Mittelteil war einer Mitarbeiterin der Gemäldegalerie Alte Meister aufgefallen, als diese das Auktionshaus besuchte. Der Inhaber zog das Stück daraufhin sofort aus der Auktion zurück und übergab es an die Staatlichen Kunstsammlungen in Dresden, nicht zuletzt deshalb, weil ihn das Landesamt für Denkmalpflege in Sachsen als „für die sächsische Kunstgeschichte etwas sehr Bedeutendes" einschätzte. Als die Schlosskirche im Lutherjahr 1983/84 renoviert wurde, fand sich eine Kiste mit Altarteilen – Bruchstücke des Altaraufsatzes, die in der Dresdener Heinrich-Schütz-Kapelle aufgestellt werden sollten. Daraufhin wurden die Stücke als Dauerleihgabe nach Dresden gegeben, blieben aber Eigentum der Evangelischen Kirchengemeinde Torgau.

Alabasteraltar, Mittelteil

Einen weiteren Paukenschlag gab es 2012, als nach aufwendiger Restaurierung zwei originale Altarengel aus der Schlosskappelle von Hartenfels präsentiert werden konnten. Die beiden Figuren schuf der Bildhauer Simon Schröter 1544. Bei der Zerstörung des Altars 1945 gingen auch die Engel verloren, und ebenfalls 2008 machten Mitarbeiter des Initiativkreises Schloss Hartenfels in der Oberen Hofstube im alten Treppenaufgang der kurfürstlichen Familie eine großartige Entdeckung: zwei der zerbrochenen Engel, allerdings in einem erschreckenden Zustand: Nur Bruchstücke waren noch vorhanden; einer der Engel bestand beispielsweise aus über 20 solcher Fragmente. Die Skulpturen sind damals regelrecht zertrümmert worden.

Im Dezember desselben Jahres 2012 erlebten die altehrwürdigen Gemäuer des Flügels D von Schloss Hartenfels eine Premiere ganz besonderer und einmaliger Art: Vor den Augen geladener Gäste enthüllte der Wöllnauer Maler Volker Pohlenz gemeinsam mit Tischlermeister Karl-Heinz Henkel aus Süptitz ein Monumentalgemälde „Die Weihe der Schlosskapelle in Torgau am 4. Oktober 1544“. Das Bild in den Abmessungen von schätzungsweise vier mal zwei Metern zeigt den Innenraum der Torgauer Schlosskapelle als ersten protestantischen Kirchenbau während der Weihepredigt durch Martin Luther. Der Reformator ist in der Kanzel stehend dargestellt. Im Raum versammelt sind eine Vielzahl von Personen der damaligen Zeit: neben dem Kurfürsten eine Reihe von dessen Weggefährten, Vertreter weiterer Fürstenhäuser, aber auch von Personen, die in mehr oder weniger engem Zusammenhang mit der Reformation standen. Volker Pohlenz vereinigte dabei in seinem imposanten Werk Personen, die sich aufgrund ihrer Lebensdaten so nicht hätten begegnen können. Der 1956 in Eilenburg geborene Künstler studierte an der Hochschule für Grafik und Buchkunst in Leipzig bei Hans Mayer-Foreyt, Harry Blume und Arno Rink. Seit 1981 arbeitete Volker Pohlenz freischaffend und wirkte von 1982 bis 1985 an Werner Tübkes Panoramagemälde „Frühbürgerliche Revolution in Deutschland“ in Bad Frankenhausen mit.

Für sein herausragendes Engagement wurde Volker Pohlenz 2012 mit dem Gellert-Preis für Bildende Kunst geehrt.

Eine Trägerfigur am Schloss Hartenfels linksseitig des Großen Wendelsteins fällt durch ein besonderes Outfit auf: Es ist die Skulptur von Claus Narr, des – und das ist nicht vermessen – berühmtesten Hofnarren der deutschen Geschichte. Und an seiner Seite der treue Gefährte – das ist „Lepsch“, Narrs Hund. Heute eher weniger geläufig ist ein Ausspruch, den Claus Narr geprägt haben soll: „Lepsch, lass' nicht schnappen!“ Diese Äußerung

Figur des Claus Narr neben dem Großen Wendelstein

wurde später zu einem geflügelten Wort, mit welchem man jemanden davor warnen wollte, nicht zu plauderfreudig zu sein und mit manchem Wissen besser hinter dem Berg zu halten.

Claus Narr stammte ursprünglich aus Ranstedt (heute Bad Sulza, geboren vor 1486), wo er als Junge die Gänse hütete. Man sagt, er habe eines Tages seine Gänse mit deren Hälsen an seinem Gürtel festgebunden, um in diesem Aufzug die Durchfahrt der kurfürstlichen Kutsche durch seine Heimatstadt zu beobachten. Dies schien dem höfischen Gefolge aufgefallen zu sein, und fortan hatte Claus sein Auskommen als Narr am kurfürstlichen Hofe. Er lebte im Hausmannsturm auf Hartenfels. Claus Narr war, folgt man einem Gemälde von 1530 von Hans Sebald Lautensack, ein stiernackiger, offenbar auch geistig und körperlich behinderter Mensch. Allerdings erlangte er alsbald seinen Ruf – so weit, dass ihm sogar Hans Sachs einen Schwank widmete. Auch ein Pfarrer aus Wolferstedt bei Mansfeld namens Wolfgang Büttner gab 1572 in Eisleben Geschichten um den berühmten Spaßmacher mit dem Titel „Sechshundert sieben und zwantzig Historien von Claus Narrenn" heraus. Das Buch war in der Folgezeit ein recht beliebter Lesestoff. Büttners Darstellungen zufolge soll sich Narrs Zustand geistiger Umnachtung ab und an gelöst haben. Dann fiel der Hofnarr der Überlieferung zufolge sogar durch parapsychologische Äußerungen auf. So habe er unter anderem den Einsturz einer der Torgauer Elbbrücken vorausgesagt und einmal das Gespräch des Kurfürsten unterbrochen, um Wasser zu fordern, weil angeblich die Veste Coburg in Flammen stünde. Es stellte sich heraus, dass es zu diesem Zeitpunkt auf der Festung tatsächlich brannte und das Feuer verheerende Schäden anrichtete.

Kein Problembär

Nicht zu denken ist Torgau ohne seine Bären. 2007 wird der Jungbärenkäfig als Altersdomizil für die älteste der zu jener Zeit hier befindlichen drei Bärinnen hergerichtet: die am 12. Januar 1975 geborene Maja. Es war zu diesem Zeitpunkt nicht mehr möglich, sie mit ihren beiden weitaus jüngeren Artgenossinnen Quistel und Jette zusammen im Bärengraben zu belassen. Die Gefahr möglicher Kämpfe wäre zu groß gewesen. Tage später zieht Maja in ihren „Alterssitz" um. Mit einem Mal scheint es, als bedauerten sie ihre beiden Artgenossinnen. Immer wieder liegt entweder Quistel oder Jette für geraume Zeit außen vor den Gitterstäben und scheint mit Maja Konversation zu treiben. Der Herbst stellte sich ein, die Zeit der Winterruhe nahte für die drei Bärinnen. Immer öfter warteten sie vor den Luken ihrer Boxen, um hineingelassen zu werden. Und dann irgendwann war es so weit: Von den Torgauer Petzen kündete unkundigen Besuchern nur noch das Hinweisschild oben auf der Schlossbrücke. Für die 34-jährige Maja sollte es 2009 kein Frühlingserwachen mehr geben. Der Abschied in die Winterruhe war ein Abschied für immer ...

Die Torgauer Bären sind untrennbar mit der Geschichte von Schloss Hartenfels verbunden, die Petze gelten mitunter schon als das heimliche Wahrzeichen der Stadt. Der erste „Bärenfang“ durch Herzog Friedrich den Streitbaren am Schloss Hartenfels wird 1425 erwähnt. Im Jahr 1452 wurde der Bärengraben angelegt, später folgte eine Vergrößerung desselben. 1508 sollen hier elf Bären gehalten worden sein. Der Ursprung für die heutige Form des Bärengrabens liegt im Jahr 1624, zur Zeit von Kurfürst Johann Georg I. wurden hier über 30 Bären untergebracht.

Mit der Schlacht auf den Süptitzer Höhen im November 1760 kam das vorläufige Ende der Tradition der Bärenhaltung in Torgau. Erst in den 1950er-Jahren konnte nach etwa 5000 freiwilligen Arbeitsstunden der Torgauer die Tradition fortgesetzt werden: 1953 zogen vier ausgewachsene Bären aus dem Leipziger Zoo in den neuen Bärenzwinger ein. Die Kreisstadt an der Elbe hatte ihr tierisches „Wahrzeichen“ wieder!

Tanzende Erbsen

An einem herbstsonnigen Nachmittag macht sich eine Gruppe Männer auf den Weg in den Wallgraben von Fort Zinna. Da dieser Bereich nicht öffentlich zugänglich ist, übernimmt eine Angestellte der Justizvollzugsanstalt die Führung. Bei den Männern handelt es sich um Mitglieder des „Sachsen-Preußen-Kollegiums", welches zum „Förderverein Europa Begegnungen e. V." gehört. Der intensiven Forschungstätigkeit des Vereins ist es zu danken, dass es eine ganze Reihe neuer fundamentaler Erkenntnisse zur einstigen Festung Torgau gibt.

Diesmal ist das sogenannte Minensystem von Fort Zinna Ziel der Exkursion. Dabei handelt es sich um vom Angreifer unter den Festungsmauern ausgehobene Gänge mit Sprengkammern, um die Anlage zum Einsturz zu bringen. Die Verteidiger von Fort Zinna hatten ein Gegenminensystem angelegt und in dessen Gängen Horchposten zur Ortung feindlicher Bewegungen stationiert. Zudem standen wassergefüllte Bottiche in den Gängen beziehungsweise Trommeln mit darauf verstreuten Erbsen bereit. Die von den Angreifern verursachten Erschütterungen sollten den lauschenden Verteidigern durch die Bewegung der Wasseroberfläche in den Bottichen oder durch ein leichtes Hüpfen der Erbsen auf den Trommelfellen angezeigt werden.

Die Männer des Exkursionsteams nehmen rund zwei Jahrhunderte nach Bau des Systems selbiges in Augenschein. Und der erste Eindruck löst Erstaunen und Verblüffung aus: Die Ziegelgewölbe sowohl der Minenvorhäuser (Räume am Eingang zur Mine) als auch der Gänge selbst befinden sich in einem tadellosen Zustand. Mit verschiedenen Publikationen gibt der Verein interessierten Besuchern wertvolle Informationen über dieses Kapitel der Torgauer Stadtgeschichte.

Der Ausbau Torgaus zur sächsischen Landeshauptfestung erfolgte auf Befehl Napoleons I. 1811 bis 1815 (1814/15 von den Preußen übernommen). In der Folgezeit bis 1882 wurde sie ständig erweitert und vervollkommnet. Die Entfestigung Torgaus erfolgte schließlich im Jahr 1889. Mit acht Bastionen und drei Ravelins (Außenbefestigung einer Bastion

Grundriss der Festung Torgau mit den Forts Zinna und Mahla sowie dem Brückenkopf, um 1810

über dreieckigem Grundriss) schloss das Hauptwerk der Festung sowohl die Stadt als auch das Schloss Hartenfels ein. Davor lagen flutbare Gräben und das Glacis (Vorfeld). Außenwerke bildeten der Brückenkopf, fünf Lünetten, zwei Forts (Mahla und Zinna), drei Schleusenlünetten und das Neuewerk.

Die Festung Torgau hatte wie überhaupt die Befreiungskriege 1813/14 auch Auswirkungen auf die Bevölkerung der Torgau umgebenden Region. In Sitzenroda (Ortsteil von Belgern-Schildau) erlangte die Erinnerung an jene Zeit wider Erwarten Bedeutung, als man das hölzerne Kirchengestühl der Dorfkirche St. Marien beziehungsweise dessen Unterbau restaurierte. Im Laufe der vergangenen Jahrhunderte hatte sich im 10 bis 15 Zentimeter hohen Hohlraum zwischen ziegelgepflastertem Kirchenfußboden und Gestühldielung durch die Ritzen der einzelnen Bohlen jede Menge Schmutz von den Schuhen der Gottesdienstteilnehmer angesammelt. Doch durch die Ritzen war auch so mancher Gegenstand gefallen: hauptsächlich Münzen, bemerkenswerter Weise waren nur wenige Euro- und D-Mark-Münzen darunter, dafür aber hunderte aus älterer Zeit – und auch ein Uniformknopf, der sich als einer französischer Herkunft herausstellte und eben aus den Jahren 1813/14 stammen sollte. Wie kam der Knopf hierher? Überlieferungen zufolge soll damals ein Treck französischer Soldaten auf der Straße von Schmannewitz her durch Sitzenroda weiter nach Torgau gezogen sein. War – aus welchen Gründen und unter welchen Umständen auch immer – vielleicht ein Sitzenrodaer in den Besitz einer französischen Uniformjacke gelangt und hatte diese beim Gottesdienst in der Kirche getragen?

Anders verhält es sich jedoch mit einem Tagebuch, welches von Johann Gottlieb Bohland aus

Sitzenroda einst geführt wurde und in handschriftlicher Form heute noch existiert. Es verrät so manches Detail aus der Geschichte Sitzenrodas und darüber hinaus. Bohland berichtet bereits 1807 von Einquartierungen. Seine Originaleintragung im Wortlaut: „Den 2. und 3. December 1807 haben Franzsösische. Wirtenbergische Jäger Caffalleri zur Einquartierung gehabt [...] Den 10. Januar 1808 haben wir Roßische Einquartierung gehabt [...] 1813. Den 6.7.8. April haben wir Russische Einquartierung gehabt 2 Regimenter Cavallerie sollen, sie waren in Forsthause und unter Dorfe einquartiert bis bey Bischoffs, so haben wir müssen stellen 10 zweyspännige wagen [...] 1813 den 6. May kamen die Rusischen Kosaken und [...] Den 7. May kamen französche Husaren bey und ins lager hier hinter den gärten [...] und stunden hier den 8 früh aber da ward geblindert gedreide die hinner todt geschlagen. Die Räuber das Fleisch genommen das Stroh ins lager getragen das brod genomen. Das Bier in Kannen fort getragen den Brandwein in Flaschen. Den 8. May um 12 Uhr kam wieder Fußvolk. Die gingen wieder und lagern bey der windmühle [...] Den 10. May kam wieder Fußvolk ins quartier da habe ich gehabt 34 mann die lagern gleich in der Scheune auf dem hofe hatten sie zwey Feuer da kochten sie die waren aber gut [...] Den 12. May kam wieder Fußvolk, da habe ich gehabt 2 Mann." Und schließlich diese Eintragung Bohlands: „Den 28. August 1816 haben ein Friedensdank Fest gefeyert."

Auch wenn Sachsen nun von den Verbündeten besetzt worden war und es Hoffnung gab, dass sich die Bewohner der gemeinsamen Sache gegen Napoleon anschließen würden, rührte sich das Volk im Ganzen nicht. Theodor Körner rief seinen Landsleuten zu: „Laßt diese große Zeit nicht kleine Menschen

Inschrift am Flaschenturm

finden!“, allein die erwartete Wirkung blieb aus, und nur einige Hundert Sachsen traten unter die „Lützower“. Die einfachen Menschen fühlten zuerst sächsisch und warteten ab, was die Regierung befehlen werde. Aber König Friedrich August war geflüchtet, befand sich - unschlüssig, was er tun sollte - in Prag. „Sein Land und seine Truppen - 10.000 Mann unter General Thielmann in der Festung Torgau - so sich selbst überlassen, waren daher, wie es schien, in derselben Lage wie drei Monate früher York und die Ostpreußen. Der große Unterschied war nur, dass man in Preußen die Franzosen aufs wütendste haßte, während die Sachsen in Napoleon den Helden sahen, der ihr Land vergrößert und ihren Kurfürsten zum König gemacht hatte. Nicht nur der gemeine Mann, auch die große Mehrzahl in den höheren Klassen kümmerte sich in Sachsen, wie überall in Deutschland, nur um den heimatlichen

Einzelstaat. Zu den wenigen, die von Frankreich abzufallen und den festen Willen hatten, gehörte General Thielmann, aber die Stimmung seiner Truppen war nicht der Art, dass er einen kühnen Streich hätte wagen dürfen; seine Offiziere gingen nicht auf seine Wünsche ein, und so hielt er sich notgedrungen parteilos […]" (William Pierson).

Generalleutnant Johann Adolf von Thielmann (1765–1824), dem 1813 die Verteidigung von Torgau übergeben wurde

Verhallende Schreie

Der Besucher auf Schloss Hartenfels genießt zunächst einmal die einzigartige Architektur, wenn er den Hof betritt und das Auge schweifen lässt – den Wendelstein hinauf, hinüber zum Schönen Erker, zum Portal der Schlosskapelle. Er kommt dabei kaum auf die Idee, dass dieser Ort einst auch einmal alles andere als beschaulich und besuchenswert war: Nachdem Hartenfels nach Verwahrlosung im Siebenjährigen Krieg leer stand, wurde es ab dem Jahr 1771 zum Zucht- und Arbeitshaus ausgebaut, ab 1780 dann zum Armen- und Waisenhaus. Ein dunkles Kapitel des Prachtbaus begann, dem sich von 1817 bis 1900 die Nutzung als Kaserne anschloss.

In der Zeit des Zucht- und Arbeitshauses lebten Strafgefangene auf dem Hartenfels. Die Kapazität war zunächst auf 200 Personen ausgelegt, allerdings erweiterte man die Anstalt dann auf insgesamt 400 Gefangene – sowohl Frauen als auch Männer. Schließlich musste Torgau zur Entlastung von Waldheim auch Epileptiker und psychisch Kranke beherbergen. Deren Rufe hallten fortan in den Mauern von Hartenfels. Auch nahm die Gruppe der sogenannten „Armen" rasch zu: Dazu zählten keineswegs nur vermögenslose Personen, sondern auch solche, die einer intensiveren Pflege bedurften. Besonders stark vertreten waren in dieser Gruppe psychisch Kranke – in erster Linie Menschen, die mit ihrer Krankheit für die Allgemeinheit eine Gefahr darstellen mochten, aber auch unheilbar Kranke. Im Jahr 1783 gab es auf Hartenfels 342 Strafgefangene, zudem 156 „Arme“; 1796 waren es 267 Gefangene und 265 „Arme“.

In den meisten Zucht- und Arbeitshäusern Deutschlands gab es im 18. Jahrhundert noch keine einheitliche Sträflingskleidung. Die Leute trugen jene Sachen, in denen sie verhaftet worden waren. Das änderte sich später. Um die Gruppen besser zu kennzeichnen und eine Flucht zu erschweren, erhielten die Gefangene braune Kleidung, auf die man beidseitig ein großes Stück gelbes Tuch aufnähte. In Torgau war die Häftlingskleidung dann später schwarz und braun.

Defensionskaserne Brückenkopf auf dem rechten Elbufer, vom 1939 bis 1945 Wehrmachtsgefängnis

Von 1912 bis 1919 wurde Hartenfels für das 1913 hier eingerichtete Lehrerinnenseminar teilweise umgebaut. Die Ausbildungsstätte wich 1929 dem Amtsgericht und der Justizverwaltung. Von 1943 bis 1945 war Torgau Sitz des Reichskriegsgerichts. In den

Torgauer Wehrmachtsgefängnissen in Fort Zinna und Brückenkopf sollen in jener Zeit über 1000 Todesurteile verhängt und vollstreckt worden sein. Die Erschießungsstätte befand sich im nördlichen Wallgraben des Gefängnisses. Ende April 1945 fanden sich hier noch die ins Erdreich eingelassenen Pfähle, an welche die Todeskandidaten bei ihrer Hinrichtung gestellt worden waren, und lagen in angemessenem Abstand davon noch Patronenhülsen, von den erfolgten Exekutionen zeugend. Dies belegen zeitgenössische Fotos. Seit 1952 hatte auf Hartenfels der Rat des Kreises Torgau seinen Sitz, später das Landratsamt Torgau-Oschatz beziehungsweise die Verwaltung des Landkreises Nordsachsen.

Stadtansicht mit Schloss und Elbbrücke, 1925

Silwaschkos Panzer

Er hielt Torgau bis ins hohe Alter die Treue - als ihr Ehrenbürger, als Veteran der das Ende des Zweiten Weltkrieges besiegelnden Begegnung 1945, aber vor allem als Freund der Menschen in der Stadt an der Elbe: Alexander Silwaschko, der als Leutnant der 1. Ukrainischen Front in jenen späten Apriltagen damals William (Bill) Robertson von der 69. US-Invanterie-Division auf den Trümmern der zerstörten Elbebrücke vor den Mauern von Hartenfels die Hand reichte. Wenngleich die tatsächlich erste Begegnung zwischen russischen und amerikanischen Soldaten am 25. April 1945, wenige Stunden zuvor,

William Robertson und Alexander Silwaschko am 27. April 1945 in Torgau und später in der Sowjetunion

bei Kreinitz und Lorenzkirch einige Kilometer elbaufwärts erfolgt war, so bleibt dieser Handschlag von Torgau wohl ewig das Symbol des Kriegsendes, des militärischen Sieges über Hitlerdeutschland.

Im April 2009 ist Alexander Silwaschko zum „Elbe Day“ erneut in Torgau, gedenkt dem historischen Ereignis am Mahnmal der Begegnung, kommt mit Torgauern ins Gespräch. Er hat „sein Programm“, das er absolviert, und wird dabei von einer Dolmetscherin aus der Kreisstadt begleitet. Er wird auch einer Einladung der „Torgauer Zeitung“ folgen, die alljährlich am 25. April ihr Jubiläum feiert, denn das „Neue Torgauer Kreisblatt“ erschien am 25. April 1990 zum ersten Mal mit dem Titelfoto, das die Ansicht von Schloss Hartenfels mit der alten Elbebrücke zeigte. Der in Torgau ansässige Verein „Militärhistorische Rad- und Kettenfahrzeuge“ plant, Silwaschko zu überraschen und mit einem kleinen Schützenpanzerwagen, auf dem in kyrillischer Schrift „Alexander Silwaschko“ und die Angabe „1945–2009“ steht, beim Haus der Presse in der Elbstraße anzurücken. Unter den per Band und Verstärker eingespielten Klängen von „Kalinka“ rollt das grüne, gummibereifte Gefährt vor den Augen zahlreicher Gäste und natürlich zur völligen Überraschung des Geehrten vor. Der abgedeckte Namenszug wird enthüllt, in Silwaschkos Augen glänzen Freudentränen.

Wenige Stunden später macht er sich planmäßig wieder auf seine Heimreise. Buchstäblich im letzten Moment signiert er eine ihm spontan gereichte Ausgabe des 1990 herausgegebenen Buches „Yanks treffen Rote – Begegnung an der Elbe“, an welchem er einst mitwirkte, mit folgenden Worten (aus dem Russischen übersetzt): „Einen herzlichen Gruß besonders der Redaktion, Danke für alles! […] für die gute Zusammenarbeit, die wir pflegen, zur Verbesserung des Lebens, zur Sorge um die Verbesserung des Lebens auf der Welt. Für die tiefen und freien Gedanken! Dafür wünsche ich [...] alles Gute und sage Danke. Herzlichst Alexander Silwaschko. Danke!" Das Wörtchen „Spasibo" in diesem Eintrag sollte der letzte Gruß Silwaschkos an die Torgauer und die nachfolgenden Generationen sein, denn es war sein letzter Besuch in der Elbestadt. Er verstarb wenige Monate später in seinem Heimatdorf.

Der kleine Panzer soll seinen Namen weiterhin tragen ...

Elbebrücke ade!

Man sagt noch immer, in Torgaus Innenstadt ziehe gewöhnlich mit dem Verklingen des Glockengeläutes nach 18 Uhr Stille ein. Und es mag in der Tat so sein – im Winter ganz gewiss. Im Sommer dagegen belebt das gesellige Treiben in den Biergärten der Stadt doch die Szenerie. So kam am 16. Juni 1994 niemand auf den Gedanken, dass dies auf seine Art ein geschichtlich bedeutsamer Tag für die Stadt werden sollte, als am späten Nachmittag ein dumpfer Schlag und das Grollen aus östlicher Richtung durch die Gassen der Altstadt hallte.

An der Ufermauer nahe des Begegnungsdenkmals fanden sich bald die ersten Schaulustigen ein. Ihnen bot sich folgender Anblick: Einer der mächtigen

Brückenpfeiler drüben auf der Wiese am östlichen Elbufer war verschwunden. An seiner Stelle lag ein Haufen unzähliger Sandsteinbrocken, zum Teil noch zusammenhängende Mauerstücke. Was an dem Pfeiler einst aus Ziegelsteinen bestand, hatte sich weit in nördliche und südliche Richtung als Staub auf der Wiese verteilt und lag wie ein roter Schleier über dem Gras. Die zwei auf dem vormaligen Pfeiler aufliegenden, riesigen Stahlkonstruktionen der Brückenbögen waren mit einem Ende nach unten gestürzt und standen nun bedrohlich schräg. Dass an der Brücke schon lange gewerkelt, die Asphaltdecke von der Stahlkonstruktion abgetragen worden war, hatte jeder verfolgt. Dennoch: Die Tatsache, dass das Aus dieser Brücke nun an diesem Abend per Knopfdruck auf den Kurbelinduktor des Sprengmeisters endgültig besiegelt worden war, konnten in diesen Minuten wohl alle Anwesenden nur schwer hinnehmen.

Die Nachricht von der Sprengung eben jener symbolträchtigen Elbebrücke in Torgau verbreitete sich in der Nacht wie ein Lauffeuer. Auf der Titelseite des „Neuen Torgauer Kreisblattes" vom nächsten Tag war das erste Foto von der zerstörten Brücke zu sehen. Darüber prangte die Überschrift „Brücke ade! Aus in Sekunden". Dieses Foto, welches der Spätdienst der Lokalzeitung am Abend auf der östlichen Elbwiese geschossen hatte, ging um die Welt. Stimmen energischen Protestes erhoben sich. „Die Sprengung des Pfeilers geschah im Rahmen der normalen Bautätigkeit. Sie war im Vorfeld mit der Polizeidirektion, dem Ordnungsamt und weiteren Institutionen abgestimmt worden", lautete die erste und sofort veröffentlichte Stellungnahme seitens des zuständigen Straßenbauamtes. Jegliche Empörung, Trauer und Enttäuschung half nichts mehr: Die Brücke – einst untrennbar mit der Silhouette der Stadt mit Schloss Hartenfels verbunden - verschwand zusehends. Am 13. Juli 1994 krachte es erneut und der letzte Bogen stürzte in die Elbe. Stück für Stück wurde auch dieser zerlegt und der Schrottverwertung zugeführt.

Was blieb, ist eine Schauplattform auf dem verbliebenen, mit der Festungsmauer der Stadt verbundenen stadtseitigem Uferpfeiler. Träume einzelner Torgauer Brücken-Enthusiasten, dass doch wenigstens ein Segment auf Pfeilern eventuell auf dem östlichen Ufer stehen bleiben könnte - sozusagen als Mahnmal, Erinnerungssymbol oder was auch immer - zerstoben mit dem nach und nach erfolgten Abtransport des Abrissmaterials.

Wer aufmerksam hinschaut, findet die Torgauer Brücke selbst heute noch hier und da. Das ist der privaten Initiative einzelner Personen und Firmen zu danken, die sich Brückenmaterial „sicherten". So steht ein Teil der Eisenkonstruktion mit ihren vernieteten Elementen auf dem Freigelände eines Autohauses, weitere Brückenteile lagen in Schaufenstern von Geschäften. Ein Segment ist im Stadt- und Kulturgeschichtlichen Museum in der Torgauer Wintergrüne zu besichtigen. Weitere „Restbestände" sind in privatem Besitz, finden dort wenigstens Beachtung und werden entsprechend gehütet. Tonnenweise wurde Brückenschrott in einer ländlichen Schmiedewerkstatt unweit von Torgau zu diversen Dingen verarbeitet, die dann über weite Strecken den Besitzer wechselten.

Als im April des Folgejahres 1995 im Rahmen des „Elbe Day" der 50. Jahrestag der Begegnung an der Elbe begangen wurde und amerikanische Kriegsveteranen und Zeitzeugen von einst in der Stadt weilten, vermissen sie „ihre" Brücke und bringen dies in Gesprächen auch offen zum Ausdruck. Der

NTK-Redakteur, der am Abend der ersten Sprengung jenes später weltweit veröffentlichte Foto schoss, wird zufällig Zeuge eines solchen Gesprächs auf dem Torgauer Marktplatz. Noch weiß er nicht, dass sich aus dieser Begegnung ein etwa vier Jahre dauernder, regelmäßiger Briefwechsel mit Glenn und Nadine Hunnicutt aus Hastings entwickelt. Glenn war in den Apriltagen des Jahres 1945 hier in Torgau. Als sich der Journalist spontan entscheidet, ein bis dato seinen Redaktionsschreibtisch „zierendes" Stück originalen Torgauer Brückenstahls mit zwei eingelassenen Nieten zu holen und es den Amerikanern zu überreichen, wird er plötzlich von Veteranen umringt. Er hat Probleme, sofort und in zugegeben lückenhaftem Englisch auf die nun einstürmenden Fragen hinreichend zu antworten. Das Stück Brückenstahl - etwa zwei Kilogramm schwer - tritt wenige Tage später die Reise in die Vereinigten Staaten an. - Die alte Torgauer Brücke in den USA.

Der Künstler Ingo Domdey schuf Jahre später den „Torgauer Doppelkopf", der rostbesetzt den auf der Bundesstraße 87 von Osten her auf die Elbbrücke fahrenden Passanten rechtsseitig der Fahrbahn ins Auge fällt. Man sollte hier schon einen Zwischenstopp einlegen, um die Bedeutung dieses aus stählernen Plattensegmenten bestehenden Kunstwerkes zu entdecken, denn die Platten besitzen jeweils einen Spalt und sind so angeordnet, dass man bei einem Blick durch diese in Richtung Hartenfels den früheren Verlauf der alten Straßenbrücke nachvollziehen kann.

Zurück zu jenem Journalisten: Nach all den bewegten Wochen des Verschwindens der alten Brücke wurde ihm bewusst, dass er vorher bereits eine Aufnahme gemacht hatte, die einzigartig in der Ge-

schichte der Stadt Torgau ist. Im Rahmen eines Bildfluges drückte er im Anflug auf die Stadt auf den Auslöser: Zu sehen sind beide Torgauer Straßenbrücken, sowohl die damals noch intakte alte und die bereits fertige neue - ein Anblick, dessen Kurzlebigkeit da schon absehbar war. Das Motiv ging im Laufe von Jahren als Ansichtskarte um die Welt.

Land unter

Der Sommer des Jahres 2002 ließ schon in seinem Vorfeld Unheimliches erahnen. In kurzer Folge waren Sturmböen, schwere Gewitter und ergiebige Niederschläge über das Land gezogen. Auffällig war die Häufigkeit der von ihnen verursachten Schäden. Sollte es noch schlimmer kommen? Es kam! Im August 2002 erreichte der Torgauer Elbepegel Messwerte wie schon lange nicht mehr. Der Grund: Ein arktisches Tief war am 9. August bis in den Mittelmeerraum vorgestoßen und hatte sich dort mit Wasser vollgesogen, zog zwei Tage später weiter in nordöstliche Richtung, an den Hochalpen vorbei. Die Wolken entladen sich am 11. August über dem Bayrischen Wald, erste Ausläufer erreichen Sachsen. Eine Flut bahnt sich an. Sie wird auch um Torgau keinen Bogen machen. Am 15. August steht hier der Elbepegel bei 7,80 Meter, der Landrat löst Katastrophenalarm aus. Am 17. August erreicht der Pegel Torgau 9,45 Meter: Die Deiche stehen unter gewaltigem Druck, sind aufgeweicht. Vor den Toren von Schloss Hartenfels vollzieht sich ein gespenstisches Szenarium. Das Wasser hat den oberen Bereich der Befestigungsmauer erreicht, der Fluss die östlichen Wiesen bis zur Straße vorm Brückenkopf überflutet. Ein unheimliches Rauschen liegt in der Luft. Ganze grasbewachsene Inseln ziehen an Hartenfels vorüber - irgendwo entlang des Flusslaufes von den Wassermassen losgerissen. Die Elbe beginnt sich ihren eigenen Weg zu bahnen. Die Torgauer - viele von ihnen haben die Stadt verlassen - bangen. Aufgedunsene Tierkadaver treiben flussabwärts. Feuerwehren sind im Dauereinsatz, Menschen sind seit Tagen bis zur Erschöpfung mit dem Befüllen von Sandsäcken und an den Dämmen beschäftigt. Keiner will untätig bleiben - ob jung oder alt: Jeder hilft! Und sei es bei der Versorgung der Leute an den Brennpunkten des Geschehens. Am 18. August beginnt der Pegel Torgau allmählich zu fallen - um einen Zentimeter pro Stunde. Torgau ist verschont geblieben. Der sprichwörtliche Kelch ist an Hartenfels vorübergegangen. Nicht so anderswo. Dramatisch gestaltete sich die Lage unter anderem in Grimma, Döbeln und Eilenburg, in Ostelbien, in Seydewitz ...

Hochwasser 2013

Elf Jahre später folgt erneut eine Flut: Zu Beginn des Monats Juni 2013 steigen die Flüsse in Sachsen - so auch die Elbe - erneut an. Der Unterschied zu 2002: Diesmal kommt das Wasser allmählich, nicht so schnell. Die Dämme sind bereits buchstäblich vollgesogen und aufgeweicht, als der Pegel über Tage hinweg bedrohliche Werte aufweist. Am 3. Juni erhalten die Kunden der Sparkasse, welche die Wertfächer im Keller des Gebäudes am Torgauer Friedrichplatz benutzen, telefonisch direkt aus Leipzig die dringende Bitte, diese zu leeren und ihre Einlagen selbst in Verwahrung zu nehmen.

Die Ufermauer am Denkmal der Begegnung wird an den tiefer liegenden Abschnitten der Bekrönung mit Sandsäcken erhöht. Kurz darauf die komplette Mauer bis in Höhe des „Alten Bootshauses", wo ein Schutzwall aus Erdreich und Metallwänden errichtet wird.

Das Wasser steigt bis auf einen Pegelwert von 9,22 Meter. Diesmal werden die Folgen der Flut auch nach dem Rückgang des Hochwassers in Sachsen noch längere Zeit zu spüren sein: als von unten empor drückendes Grundwasser.

Hartenfels hat in seiner Geschichte etliche Flutkatastrophen „erlebt". Noch heute befindet sich in der unweit des Schlosses befindlichen Gartenstraße eine Hochwassermarke aus dem 19. Jahrhundert, die dem Besucher der Stadt die Macht der Elbe anschaulich werden lässt, wenn sie über ihre Ufer tritt.

Über den Dingen

Türme haben ihren eigenen Reiz. Jeder für sich. Sie wollen bestiegen werden und fordern schon dabei Anstrengung. Stufe für Stufe. Wer den 53 Meter hohen Hausmannsturm von Hartenfels erstmals bis zum Drehkreuz unmittelbar vor dem dann nur noch wenige Meter höher befindlichen Rundgang „bezwungen" hat, der nimmt auch noch die letzte Anstrengung bis zum Ziel in Kauf. Um kurz darauf im wahrsten Sinne des Wortes „über den Dingen" - oder besser gesagt: über den Dächern der Torgauer Altstadt zu stehen. Jetzt reizt es, seinen Blick auch weit darüber hinaus schweifen zu lassen; und man tut für dieses Erlebnis gut, wenn man dabei Petrus auf seiner Seite hat. Bei klarem Wetter offenbart sich Torgau in einer wunderschönen geografischen und natürlichen Lage: Nichts für Berg-Freaks - hier zählen Weitsicht, flaches Land und vor den Toren der Stadt Natur pur. Und der Blick von hier oben reicht weit: Südlich bis zum Collm bei Oschatz, südwestlich zum Schildauer Berg mit seinem aus eben da gebrochenem Porphyr gemauerten Aussichtsturm, zu den Hohburger Bergen. In östlicher Richtung drehen sich gemächlich die Flügel mächtiger Windkraftanlagen, die bereits auf Brandenburger Territorium stehen. Die St. Bartholomäus-Kirche zu Belgern hebt sich am Horizont ab, nicht weit weg davon die bewaldeten Höhen der Dahlener Heide. Aus ihrem dunklen Massiv stechen turmartige Gebilde hervor. Dies sind zum einen der Feuerwachturm bei Puschwitz. Unweit davon befand sich zu DDR-Zeiten ein von den Militärs des östlichen Militärbündnisses des Warschauer Vertrages betriebener und genutzter Bombenabwurf- und Luftschießplatz. Vor allem ältere Zeitgenossen dürften sich noch an das tägliche und auch nächtliche Gedröhn der Flieger und Hubschrauber unangenehm erinnern – ebenso wie an manchen Absturz russischer MiGs im Heidewald und an den Absturz zweier MiG-21 der DDR-Luftstreitkräfte im Frühjahr 1987, bei dem der Ort Sitzenroda nur knapp einem verheerenden Inferno entging. Bei der anderen Landmarke handelt es sich um einen sowohl für den BOS-Funk (BOS: Behörden und Organisationen mit Sicherheitsaufgaben) als auch für Handy-Netze genutzten Antennenmast. Er befindet sich auf der sogenannten „Höhe 215“ der Dahlener Heide, dem zentralen Punkt dieses umfassenden Waldgebietes. Unweit davon erinnert die erwähnte „Jägereiche“ an die letzte hier erfolgte Jagd des kurfürstlichen Hofes.

Schloss Hartenfels

Vom Hausmannsturm aus blickt man auch in Richtung der Süptitzer Höhen, dem Terrain der wohl blutigsten Schlacht des Siebenjährigen Krieges am 3. November 1760. Während der General der Kavallerie Hans Joachim von Zieten diese zu Preußens Gunsten entscheiden konnte, nächtigte sein Befehlshaber Friedrich der Große („Alter Fritz") in der schlichten Dorfkirche des unweit gelegenen Dorfes Elsnig. À propos Friedrich II.: Auf dem Hof von Hartenfels stehend soll er einst gesagt haben, dass er bedaure, den Großen Wendelstein nicht einfach „einpacken und mitnehmen" zu können.

Auch mit einem anderen Turm des Schlosses verbindet sich eine Geschichte: Im Zuge umfassender Rekonstruktions- und Sanierungsarbeiten am Schloss wird 2013 unter anderem auch das Dach des Flaschenturmes erneuert. An einem Morgen im Frühjahr machen sich drei Bauleute hoch oben auf dem Dach, mit dem der vollständig eingerüstete Turm geschützt ist, zu schaffen. Vom Flaschenturm selbst ragt nur noch die Stange heraus, auf welcher sich die Wetterfahne jahrein-jahraus im Wind drehte. Heute soll die mächtige Kugel des Turmknaufs abgenommen werden – die Erwartungen sind groß. Unten, auf dem sprichwörtlichen „Boden der Tatsachen" folgt die Ernüchterung: Bis auf zwei Kupferblechstreifen gibt die Kugel keine „Schätze" preis. Weder eine Hülse mit Dokumenten aus dem Jahr der zuletzt erfolgten Bekrönung, noch Münzen oder dergleichen kommen ans Tageslicht. Beim näheren Betrachten der Kupferblechstreifen fallen indes zwei jeweils mit Schlagbuchstaben eingeprägte Namen auf. Die „Torgauer Zeitung" berichtet wenige Tage später von diesem Fund und wendet sich mit einem Aufruf auf ihrer Themenseite „Historie" an die Öffentlichkeit, eventuell diejenigen ausfindig zu machen, welche sich auf den Kupferstreifen verewigt haben – fast ein halbes Jahrhundert zuvor. Mit Erfolg! Am Tag des Erscheinens meldet sich ein Mann und verweist auf einen ehemaligen Klempnerlehrling aus dem nahe liegenden Zinna. Ja, bestätigt jener schließlich, er habe sich vor Jahrzehnten als Lehrling mit noch einem weiteren Kollegen in der Kugel auf dem Flaschenturm verewigt. Davon besitze er auch noch Fotos. Das Ganze sei damals gar nicht geplant gewesen. Da man ohnehin gerade auf dem Dach gearbeitet habe, lag es nahe, doch auch gleich Kugel und Wetterfahne mit einem neuen Schutzanstrich zu versehen. Dabei könne auch gleich ein Einschussloch aus den letzten Tagen des Zweiten Weltkriegs mit verschlossen werden. Die Öffnung wies die typische Form eines Einschusses auf: Die grobfetzigen Ränder waren nach innen eingebogen. Das Loch war groß genug, um zwei Kupferstreifen hindurch zu schieben, auf denen die beiden Klempner (der zweite Mitstreiter von einst meldete sich übrigens ebenfalls) ihre Namen eingeprägt hatten.

Quellen- und Literaturverzeichnis (Auswahl)

Johann Gottfried Bohland: Handschriftliches Tagebuch, Sitzenroda Anfang 18. Jh.

Georg Dehio: Handbuch der sächsischen Kunstdenkmäler (Sachsen II), Berlin 1998.

Steffen Delang: Schloss Hartenfels in Torgau - seine Baugeschichte im Kontext der Ausbildung einer Schlossarchitektur in Sachsen, in: Sächsische Heimatblätter 4/2009.

Dietmar Eisold: Lexikon Künstler in der DDR, Berlin 2010.

Norbert Elias: Die höfische Gesellschaft. Untersuchungen zur Soziologie des Königtums und der höfischen Aristokratie, Frankfurt/Main 1992.

Hartmut Ellrich: Auf den Spuren von Lucas Cranach d. Ä., Erfurt 2012.

Peter Findeisen/Heinrich Magirius: Die Denkmale der Stadt Torgau, Leipzig 1976.

Katalog zur Sonderausstellung „Churfürstliche Guardie - Die sächsischen Kurfürsten und ihre Leibgarden im Zeitalter der Reformation" auf Schloss Hartenfels in Torgau vom 16. Mai 2012 bis zum 31. Oktober 2013, hg. v. der Rüstkammer der Staatlichen Kunstsammlungen in Dresden, dem Landkreis Nordsachsen und der Großen Kreisstadt Torgau, 2012.

Uwe Niedersen: Führungen durch die Festung Torgau, Torgau 2011.

Rudolf Mielsch: Geschichtliche Wanderfahrten, Heft 46/1936.

Kathrin Niese: Fürstenhochzeit in Torgau - Die Hochzeit des Zarewitsch Alexej mit Prinzessin Charlotte Sophie von Braunschweig-Wolfenbüttel, in: Torgauer Zeitung, 28. Oktober 2011.

William Pierson: Preußische Geschichte, Berlin 1894.

Regina Röhner: Eine Kurfürstin in der Küche. Anna von Sachsen und ihre Rezepte, Leipzig 2012.
Udo Rößling/Paul Ambros: Reisen zu Luther - Erinnerungsstätten in der DDR, Berlin/Leipzig 1988.
Uwe Schirmer: Residenzen und Hofhaltung der ernestinischen Kurfürsten, in: Sächsische Heimatblätter 4/2009.
Hans-Jörg Uther: Sagen aus Sachsen, Hamburg 1994.
Sylvia Weigelt: Sibylle von Klewe - Cranachs schönstes Modell, Weimar/Eisenach 2012.

Abbildungsverzeichnis

Archiv des Verlags; außerdem Ralf C. Müller: Cover, 2, 15, 17, 24, 29, 34, 40–42, 51f., 60, 63, 72; Archiv des Autors / Torgauer Zeitung: 54, 68, 76, 79; Zeppelubil / Th. Haft / Torgau: 7; Manfred Boes privat: 11; Juri Lisunow, Alexander Tschumitschew/TASS: 65.